AF268354

LES
HOMMES DE MAI

DEVANT LES RÉPUBLICAINS

PAR

ALFRED BERTHEZÈNE

Prix : **15 centimes**

(*franco par la poste*)

PRIX DE PROPAGANDE

100 exemplaires. . . . . 10 fr.
1000   —   . . . . 80 fr.

Port à la charge du destinataire.

Adresser les commandes à M. G. FISCHBACHER
33, *rue de Seine, à Paris.*

PARIS

33, RUE DE SEINE, 33

—

Tous droits réservés.

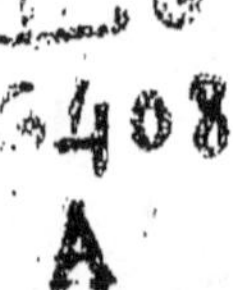

LES HOMMES DE MAI

DEVANT LES RÉPUBLICAINS

I

DU 24 MAI 1873 AU 16 MAI 1877

Le 23 mai 1873, la France était calme. La République avait déjà cicatrisé les plaies de la patrie. L'illustre citoyen qui occupait alors le pouvoir, venait d'assurer la libération complète du territoire. Malgré les charges énormes, suites fatales de l'Empire, qui pesaient sur le pays, le commerce avait repris le plus vif essor. Des emprunts inouïs avaient été nombre de fois souscrits. Le crédit de la France allait s'affermissant tous les jours.

L'élection de M. Barodet à Paris ayant démontré à M. Thiers la nécessité de faire un pas en avant, ce grand homme d'Etat n'avait pas hésité à se séparer de M. de Goulard pour se rapprocher du centre gauche. Un projet de Constitution républicaine fut présenté à l'Assemblée Nationale, sous les auspices de MM. Dufaure, Casimir Périer et Bérenger. Si ces éminents hommes d'Etat l'avaient emporté, la forme du Gouvernement étant définitivement acquise, la France aurait eu comme l'Angleterre ses whigs et ses tories, les républicains progressistes et les républicains conservateurs, différant parfois sur l'opportunité de telle ou telle réforme, mais réunis dans un même amour du bien public. L'ère des révolutions était peut-être à jamais fermée.

On avait compté sans quelques ambitieux. Pendant que la France travaille, les Broglie, les Baragnon, les Changarnier manœuvrent dans les coulisses de l'Assemblée. Une interpellation est ourdie. Le 23 mai, elle est discutée. Un peloton de vingt hommes, commandé par M. Target, se tenait dans l'ombre... Tout à coup, au moment psychologique, il démasque ses bulletins et, comme les Saxons à Leipsick, en 1813, frappe M. Thiers par derrière. Sur les onze heures du soir, pour ne pas donner le temps à l'opinion publique étonnée, de réagir, M. de Mac-Mahon est nommé président de la République.

Soudain le travail se ralentit, les transactions s'arrêtent, l'inquiétude est partout. Au mois d'octobre 1873, le chef de l'Etat, malgré sa déclaration solennelle qu'il ne serait rien changé aux institutions existantes, laisse se développer à ciel ouvert l'entreprise d'une restauration monarchique, entreprise qui, si elle eût réussi, eût plongé le pays dans les horreurs de la guerre civile.

Cependant, par l'effet même des renouvellements partiels, l'axe de la majorité se déplaça. La gauche gagnait tous les jours du terrain. Il devint évident que, sous peu, elle serait tout à fait maîtresse de la situation. La Constitution Wallon, à laquelle les Broglie se rallièrent, quand ils virent qu'elle allait triompher sans eux, sortit des préoccupations universelles.

Vinrent les élections de février. Les députés nommés furent en immense majorité républicains. Mais il faut reconnaître, si l'on veut porter un jugement sain et impartial, que la majorité des sénateurs élus appartenait au parti réactionnaire. Les conseillers du maréchal ne manquèrent pas évidemment de lui faire remarquer que, sans la surprise des 75 inamovibles de gauche, il y aurait eu au Sénat, après les élections, une forte majorité pour le parti de l'ordre. Gardons-nous de faire peser sur M. de Mac-Mahon seul une responsabilité qui appartient aussi à d'autres. Les premiers auteurs responsables du 16 mai, ce sont les conseillers municipaux qui, lors de leurs comices, ont nommé des réactionnaires et jeté les germes des conflits. Dès le 22 février 1876, nous avons pu prédire à nos amis un 16 mai. Avec les attaches qu'avait le maréchal, pourquoi aurait-on voulu, qu'entre deux Chambres, il penchât pour la Chambre républicaine, élue par le suffrage universel, plutôt que pour la Chambre conservatrice, élue par des électeurs choisis? Le maréchal est allé, à son corps défendant, jusqu'à Jules Simon ; et quand il a vu que la mort fauchait dans les rangs de la gauche, au Sénat, il a pu croire, et on n'a pas manqué de le lui persuader, que Dieu lui-même était avec le soi-disant parti de l'ordre.

Non, le maréchal n'a pas cessé un moment d'être loyal. Bien aveugles les républicains qui croyaient qu'il pourrait être leur homme. Le maréchal n'a jamais rien dit ni rien fait qui pût les entretenir dans cette illusion. Il est resté l'homme de la droite, rougissant presque, comme le cerf de la fable, de son titre de président de la République,

Ses pieds ne lui font point d'honneur.

Mais, si le maréchal a toujours été loyal, qu'il me permette de dire qu'il n'a pas été habile.

Prenant la situation telle qu'elle résultait des deux grandes assises électorales de février 1876, que fallait-il faire?

M. de Mac-Mahon aurait dû organiser (et c'était possible) la République conservatrice. On l'acceptait sans détour. Dieu merci, la République n'a pas à s'inféoder à un homme, quelque illustre qu'il soit ! Au lieu de doubler M. Dufaure de collègues suspects au pays, il fallait lui adjoindre immédiatement les Marcère, les Waddington et les Jules Simon. Il fallait accepter la Constitution sans arrière-pensée. Au lieu d'intervenir pour faire nommer Buffet, il fallait intercéder auprès du Centre droit pour MM. André, Valette et Renouard. Il fallait interdire l'Elysée aux Broglie et aux Saint-Paul, en tant que conseillers occultes. Avant un mois, on aurait eu au Sénat une majorité républicaine conservatrice. Le faubourg Saint-Germain eût boudé. Veuillot eût tempêté. Le Maréchal n'eût plus été que le vaincu de Wœrth. Il en aurait pris son parti, comme M. Thiers a fait du « sinistre vieillard. »

On n'eût plus vu, dans les salons de l'Elysée, ni le vidame de ceci, ni madame la marquise de cela, mais de riches commerçants, et les bourgeois des Deux-Mondes. Est-ce que ces derniers ne valent pas les nobles comme Saint-Paul ou l'aigle de Ribérac ? A l'*Univers*, le maréchal aurait répondu : — « Vous m'avez donné le pouvoir, c'est vrai. Mais trois mois après, lors de la fusion, vous avez essayé de me l'arracher. Je ne vous dois plus rien. Désormais j'agis au mieux de mes intérêts et de ceux du pays. » C'est ce qu'avait répondu M. Thiers : « — Il n'y a qu'un trône et vous êtes trois ! » Lui aussi avait été porté à la présidence par les partis monarchistes. Ils le croyaient, ils avaient presque le droit de le croire leur homme. Mais quand ce grand citoyen a vu que le pays, interrogé, manifestait obstinément, à chaque élection nouvelle, sa volonté de rester en République, au lieu de se mettre en travers, il s'est incliné. Il a voulu donner satisfaction à la volonté nationale. Il a été arrêté dans cette noble entreprise : il a été renversé. Mais aussi de quel prestige n'est-il pas environné ? Et ne vaut-il pas mieux tomber avec Casimir Périer, Bérenger et Léon Say que de monter avec les Broglie, les Fourtou et les Caillaux ?

Les ennemis de la République, jouant de l'honneur militaire et du vieux renom de loyauté du maréchal, l'ont appelé au poste du danger jusqu'à ce qu'ils soient d'accord sur le choix d'un maître et le partage des dépouilles. Pouvoir être le second fondateur de la République, et se voir rabaisser au-dessous de Monck !... presque au niveau de Louis Bonaparte !... M. de Mac-Mahon est un brave soldat fourvoyé dans une carrière où les bonnes intentions ne servent de rien sans l'étude, l'expérience et le coup d'œil.

Chère France ! Depuis quatre-vingts ans, marchant après une Constitution, comme Ulysse à la recherche d'Ithaque, au moment d'entrer dans le port, tout à coup tu te vois rejetée au milieu des flots et des tempêtes !

II

QUE VEULENT LES HOMMES DE MAI ?

Tout obéit à des lois et les gouvernements ont leur destin. C'est la fatuité de certains politiciens de croire qu'ils dirigent ou dirigeront à leur gré les forces politiques dominantes. Louis Bonaparte avait dit à Bordeaux : « L'Empire, c'est la Paix ! » Mais l'Empire, né d'un coup de main militaire, ne pouvait pas plus être la paix, que la royauté bourgeoise de Louis-Philippe ne pouvait être la guerre. Le gouvernement de M. de Mac-Mahon se défend d'être clérical, mais le cléricalisme suinte par tous les murs de l'Élysée. M. de Mac-Mahon est enserré dans une intrigue dont ce ne sont pas des conseillers et des hommes d'État de l'âge et de la maturité du baron Reille et du vicomte Othenin d'Haussonville qui tiennent les fils. Et qui donc, si ce n'est les jésuites, aurait pu si bien réunir de nouveau les tronçons du parti de l'ordre ? Le meilleur moyen de ne pas se faire accuser de cléricalisme, c'était de garder le ministère Jules Simon. Les penseurs ont été frappés de l'empressement avec lequel la presse ultramontaine a su, dès le lendemain du 16 mai, mettre une sourdine à ses déclamations furibondes. Et cependant jamais MM. de Marcère et Simon n'avaient parlé, contre les menées cléricales avec autant d'énergie que M. de

Fourtou. Décider l'*Univers* et ses amis à se montrer réservés est une tâche où le Vatican et le *Gésu* peuvent seuls réussir.

Enrôlés sous la bannière de l'ultramontanisme, pas un des partis coalisés ne se soucie des intérêts de la nation. Dire qu'on fait appel à tous les conservateurs lorsqu'on éloigne à coups de fourche les Thiers, les Laboulaye, les Lasteyrie, les Renouard, c'est, comme le dit très-bien M. About, provoquer une explosion de gaieté dans les Deux-Mondes. Prétendre que les républicains n'ont réussi, l'année dernière, qu'à l'aide du nom du maréchal, c'est oublier un peu trop la quadruple volée de bois vert qui s'abattit sur l'échine de M. Buffet, président du Conseil et candidat par excellence du maréchal. Désormais il faut prendre position. Les trois partis réactionnaires, disciplinés et conduits par le *Gésu*, donnent l'assaut à Quatre-vingt-neuf! L'orléanisme n'est plus. M. de Broglie l'a tué. Ah! certes la partie était belle pour les princes en 1871! Nous voyions, nous calculions déjà le roulement des révolutions les portant au pouvoir. Mais ils ont été mal servis, mal conseillés. Au lieu de se mettre piteusement à la remorque de M. de Chambord, il fallait prendre la tête du mouvement libéral; il fallait, comme M. Lepetit, se placer derrière M. Thiers. La belle conduite des princes pendant la guerre avait déjà favorablement disposé l'opinion. Elle eût vu, peut-être même au besoin elle eût cherché en eux un refuge contre une restauration impériale possible.

Sachez-le donc, électeurs : sous les différents noms de bonapartistes, de légitimistes, de mac-mahoniens, les candidats qui sollicitent vos suffrages ont tous un point commun : ce sont des jésuites. Ils sont estampillés par le Vatican.

Paysans, fraîchement échappés de la dîme, du champart et des corvées, prenez garde à vous! Jamais le danger n'a été plus grand! C'est notre immortelle Révolution. c'est la France même qu'il s'agit de défendre. Si les hommes noirs triomphent, de même qu'en 92 nous eûmes toute l'Europe contre nous pour être trop libéraux, aujourd'hui nous l'aurons contre nous pour ne pas l'être assez. Il serait aussi dangereux à cette heure pour la France de se faire le champion de l'obscurantisme, qu'il le fut, en 92, de marcher contre les rois pour l'émancipation des peuples!

III

QUE VEULENT LES 363 ?

Et tandis que le triomphe d'un des trois partis serait le signal de nouvelles et plus terribles convulsions, car ce parti aurait immédiatement contre lui non-seulement la grande majorité de la France qui veut la République, mais encore les deux autres partis coalisés, le triomphe des républicains, au contraire, n'amènerait que de féconds résultats. Ce serait, à l'intérieur, la consolidation du régime actuel. Au lieu d'être, sous un régime réactionnaire, isolée en Europe et suspecte, la France, dotée d'un régime libéral définitif, reprendrait dans le concert des nations le rang qui lui est dû.

Avec l'honorable M. de Lasteyrie, nous dirons que la République signifie l'ordre, honoré par la liberté, et le travail fécondé par la paix. MM. de Chambord et Bonaparte peuvent-ils nous donner et la paix et la liberté, source de tous biens? Peuvent-ils même donner l'ordre? N'a-t-on pas dit que, si la légitimité revenait, les chassepots partiraient tout seuls? Et d'un autre côté, croit-on que le jour où Bonaparte fils apparaîtrait aux Champs-Élysées entre Bazaine et Duvernois, ce seraient des acclamations qui retentiraient seulement? L'Empire, qui a été la guerre, de 1851 à 1870, pourrait-il maintenant être la paix avec l'Alsace et la Lorraine saignantes à ses côtés? M. de Franclieu, lui-même, n'a-t-il pas dit récemment qu'avant trois mois le spectre de l'Empire agirait de manière à réunir contre le cabinet tous ceux qui aiment sincèrement leur pays?

IV

LE VERDICT

La lice est ouverte! Aux urnes, électeurs! Les *Débats*, le *Temps*, la *France*, le *Bien Public*, les organes les plus modérés comme les plus avancés, tout ce que le pays compte de patriotes et de grands publicistes, les Thiers, les Gambetta, les Victor Hugo, les Girardin, les About, les Lemoinne, les Challemel-Lacour sont avec vous. Il faut se reporter aux grands jours de Juillet, pour voir un plus puissant mouvement, un concert aussi unanime ! Toutes les forces vives de la nation sont debout pour la lutte. Que peuvent contre cette immense armée du libéralisme, soutenue par toute l'Europe intelligente, les hommes du *Syllabus* et quelques affamés de miracles ? Les portes du ciel ultramontain ne sauraient prévaloir contre elle ! Restez sourds aux provocations. Demeurez dans la légalité ; elle est assez large pour que vous puissiez vous y mouvoir à l'aise. Réclamez vos droits, tous vos droits, et poursuivez sans merci devant les tribunaux, les agents, les fonctionnaires, quelque élevés qu'ils soient, qui y porteraient atteinte. Les Maîtres de la jurisprudence vous indiquent la marche à suivre, et au besoin se chargeront de vous faire rendre justice. Adressez-vous à eux avec confiance. Ouvrez des librairies ; multipliez les réunions privées ; et, le moment venu, rendez hardiment votre verdict. Dans certain ordre du jour, on a presque fait appel à l'armée pour régler un conflit entre les pouvoirs civils, alors que les prescriptions légales et constitutionnelles suffiraient pour y mettre fin. La menace a été articulée, nous l'avons entendue, comprise ; mais elle ne nous effraie pas. Notre force, c'est le strict respect de la légalité, c'est le maintien de nos droits. Nous aussi, nous irons *jusqu'au bout*. Nous aussi, nous avons une mission qui est de repousser avec la dernière énergie le joug du despotisme militaire et clérical. Le fils à Granier (du *Drapeau*), et quelques folliculaires à la solde des fonds secrets ont parlé d'un bon bataillon pour mettre à la raison les représentants du pays. C'est ce qu'il faudra voir... Insensés, bien coupables ceux qui forceraient le peuple à se lever encore pour revendiquer ses droits et défendre ses libertés !... Mais non, il est impossible que le gouvernement regarde les élections futures comme une lutte simulée, dont il aurait d'avance déterminé le résultat et à laquelle il n'ajouterait de valeur qu'autant qu'elle se terminerait selon sa volonté. Repoussons d'aussi outrageants soupçons. Remarquez que les hommes de Mai ne sont pas sortis de la légalité. Ce qu'ils ont fait, ils avaient à la rigueur le droit de le faire. Le pays renverra les **363**, et tout le monde s'inclinera devant son verdict. Quant à ceux à qui il déplairait, ils trouveront sans doute dans leur loyauté tant vantée l'abnégation nécessaire pour faire place à d'autres.

Les choses étant ainsi, sera-t-il nécessaire de recourir immédiatement à la révision ? J'aime à penser que, sous la pression de l'opinion publique, exprimée par les élections, sous l'action réparatrice d'un ministère républicain libéral, une heureuse détente se produira dans le Sénat. Les constitutionnels qui, selon l'expression de M. le colonel d'Andlau, ont voté la dissolution, *la mort dans l'âme*, les orléanistes non inféodés à Froshdorff, et qui ne rougissent ni de Valmy, ni de Juillet, reviendront à une plus saine appréciation des besoins du pays. Malgré des erreurs déplorables, les bras de la République leur seront ouverts. Leur concours sera précieux, indispensable même, pour écraser définitivement les dernières prétentions des partis aux abois et pacifier le pays. On ne fera pas appel en vain à leur patriotisme.

Nous envisageons donc l'avenir avec confiance, car la liberté ne saurait périr. N'importe, on ne pardonne pas l'ingratitude ! Longtemps on conservera le souvenir de cette nuit fatale où les hommes de Mai, s'enrôlant dans l'armée du *Syllabus*, précipitèrent du pouvoir le Libérateur du territoire. Le peuple, qui a soif de tranquillité, tiendra à honneur, comme protestation suprême, de rendre leur mandat à des citoyens dévoués à ses intérêts, amis du travail, de la paix, de la liberté, à ces 363 qui, selon la parole autorisée de M. Grévy, n'ont pas cessé un moment de mériter de la France et de la République.

LE PROGRÈS

On lisait dans le *Siècle* du 22 avril dernier, au sujet de l'ouvrage le *Progrès* : « C'est un volume de vers, et même de fort beaux vers dans lesquels l'auteur passe en revue les grands problèmes de l'humanité. Il y règne un souffle puissant, notamment dans les poëmes relatifs à la Révolution française. Il y a là de belles pages sur la prise de la Bastille, le serment du Jeu de Paume, sur la guerre des peuples contre les rois et sur la Terreur. L'ouvrage se termine par un poëme « Bonaparte et Trochu » dans lequel on sent l'inspiration de Victor Hugo. Le poëte aurait pu plus mal choisir. »

La *République du Midi* publiait, sous les initiales M. P., qui cachent un des plus jeunes, mais non des moins sympathiques députés de la gauche, un article commençant ainsi : M. A. Berthezène, dont le poëme *Napoléon-le-Dernier* a été très-remarqué en février 1876, lors des élections générales, vient de publier un ouvrage de longue haleine, le *Progrès*, qui nous paraît appelé à un succès certain... Il est doux, en cette époque, alors que tant d'écrivains ne cherchent qu'à égarer le public, de rencontrer des penseurs qui, à l'exemple d'André Lefèvre, tiennent haut et ferme le flambeau de la science.

DU MÊME AUTEUR ET À LA MÊME LIBRAIRIE

Idée de la Révolution

Forte brochure in-8° ; prix 1 fr. (*franco*).

Napoléon-le-Dernier.

4° édition. Prix 15 cent. (*franco*).

L'Histoire de notre temps, par Jacques Sincère. Prix : 10 centimes (*franco*).

Les 363 sont-ils des radicaux ? par Jean-Pierre Giraud. Prix : 10 centimes (*franco*).

Paris. — Typ. N. Blanpain, 7, rue Jeanne

43

www.ingramcontent.com/pod-product-compliance
Lightning Source LLC
Chambersburg PA
CBHW061238050726
47594CB00009B/3944